COMUNÍCATE DE MANERA EFICAZ EN EL TRABAJO

Los secretos de la comunicación en el mundo laboral

Por Virginie De Lutis

Traducido por Laura Soler Pinson

¿CÓMO COMUNICAR DE MANERA EFICAZ EN EL ÁMBITO LABORAL?   1

EL ABECÉ DEL MAESTRO DE LA COMUNICACIÓN EN EL ÁMBITO LABORAL   3

Los principios de la comunicación

La comunicación en el ámbito laboral

Adaptar nuestra actitud

LOS MEJORES CONSEJOS   18

PREGUNTAS FRECUENTES   22

¿En qué aspectos debo fijarme cuando me comunico con mis compañeros?

¿Qué tipos de comunicación pueden darse en el ámbito laboral?

¿Cómo me comunico con mi superior?

¿Qué debo hacer para que mis reuniones resulten eficaces?

¿Cómo evito los rumores y los juegos de poder?

¿Para qué sirven las evaluaciones y los *feedback*?

¿Debo comunicar de forma diferente si soy una mujer?

¿Cómo restablezco la comunicación en mi equipo?

¡AHORA ES TU TURNO!   28

Nos autoafirmamos

Restauramos la confianza en el equipo

PARA IR MÁS ALLÁ   31

¿CÓMO COMUNICAR DE MANERA EFICAZ EN EL ÁMBITO LABORAL?

- **¿Problemática?** ¿Cómo desarrollo una comunicación sana y clara en el mundo laboral?
- **¿Utilidad?** Una buena comunicación empresarial resulta necesaria para motivar y mejorar la eficacia de los empleados, para resolver los conflictos y para mantener relaciones profesionales equilibradas.
- **¿Contexto profesional?** Relaciones profesionales, comunicación profesional, recursos humanos.
- **¿Preguntas frecuentes?**
  - <u>¿En qué aspectos debo fijarme cuando me comunico con mis compañeros?</u>
  - <u>¿Qué tipos de comunicación pueden darse en el ámbito laboral?</u>
  - <u>¿Cómo me comunico con mi superior?</u>
  - <u>¿Qué debo hacer para que mis reuniones resulten eficaces?</u>
  - <u>¿Cómo evito los rumores y los juegos de poder?</u>
  - <u>¿Para qué sirven las evaluaciones y los feedback?</u>
  - <u>¿Debo comunicar de forma diferente si soy una mujer?</u>
  - <u>¿Cómo restablezco la comunicación en mi equipo?</u>

La comunicación es fundamental para el buen funcionamiento de una empresa. Sin embargo, puede originar malentendidos e, incluso, conflictos, y puede crear un ambiente perjudicial para el bienestar y la eficacia de los empleados. A lo largo de nuestra trayectoria profesional, nos encontraremos de manera habitual con situaciones en las que aparecen rumores y malentendidos o en las que no se formulan explícitamente las ideas, por lo que resulta interesante que prestemos una atención especial a este fenómeno.

Entonces, ¿cómo debemos actuar para favorecer unas interacciones sanas y eficaces que respeten a los empleados y los motiven? Mientras que los antiguos modelos bombardeaban con información a los principales interesados sin tener en cuenta el aspecto humano, las empresas de hoy en día desarrollan cada vez más estrategias que favorecen y alimentan una comunicación tolerante, útil y cercana. Sin embargo, establecer un proceso de estas características lleva su tiempo e implica que se respeten ciertos principios. En 50 minutos, este libro pone en perspectiva tanto las distintas facetas que componen la comunicación interna como los obstáculos que puedes encontrarte dentro de una empresa, y te ofrece soluciones para que logres transmitir con éxito mensajes claros y eficaces que te ayuden a mejorar tus relaciones laborales.

EL ABECÉ DEL MAESTRO DE LA COMUNICACIÓN EN EL ÁMBITO LABORAL

LOS PRINCIPIOS DE LA COMUNICACIÓN

Los elementos de la comunicación

Toda comunicación consta de tres elementos principales: un emisor, un mensaje y un receptor. Partiendo de este esquema clásico, analizaremos las características fundamentales de los intercambios entre compañeros, equipos y superiores.

Los elementos que recogemos en la tabla siguiente y que ofrecemos a modo de ejemplo no son exhaustivos, pero pueden recordarte a compañeros o situaciones que hayas vivido. Para que se entiendan y comprendan tus mensajes, no basta con que hables: debes comunicar, es decir, tienes que conectar con tu interlocutor. Durante estos intercambios relacionales, que Éric Berne (psiquiatra estadounidense, fundador del análisis transaccional, 1910-1970) también denomina «transacciones», creamos papeles intercambiables. Según este especialista, todos respondemos a tres «estados del yo» —el Adulto, el Padre y el Niño— y vamos saltando de uno a otro dependiendo de las interacciones y de la postura que adopta nuestro interlocutor. Aún más, los participantes pueden cambiar de papel durante una misma conversación, en función de sus emociones y del tema que se aborda.

El emisor produce el mensaje de forma consciente o inconsciente:	El mensaje reviste distintas formas según la ocasión. Puede tratarse de:	El receptor capta el mensaje. Puede reaccionar de varias maneras:
• dirigiéndose a su interlocutor directamente; • transmitiendo mensajes a través de sus emociones, sus posturas corporales, etc.	• un mensaje solo verbal; • un mensaje verbal acompañado de un mensaje no verbal. Ambos pueden contradecirse; • un mensaje no verbal, es decir, una actitud voluntaria o no, que comunica sin que se emita sonido alguno (el silencio es un elemento comunicativo).	• toma en cuenta la información que recibe; • reacciona al discurso; • ignora o deja pasar el mensaje, sin ni siquiera darse cuenta de ello.

La comunicación no verbal

El éxito de nuestra comunicación no solo depende de las palabras (escritas u orales): el lenguaje no verbal también desempeña un papel importante. Según Albert Mehrabian (profesor de psicología, nacido en 1939), este último incluso resultaría más comunicativo.

Los tipos de lenguaje

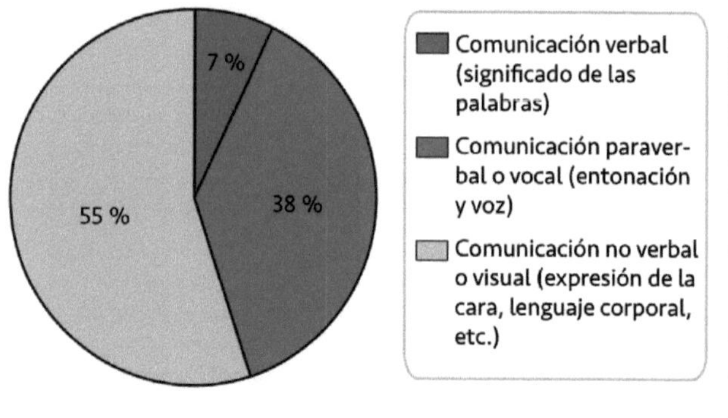

Sé consciente de los elementos que componen el lenguaje no verbal para dominar la información que transmites.

Los gestos y las actitudes	La voz	Los olores
Tu actitud, tu postura o tus expresiones faciales son tan solo algunos de los elementos que revelan quién eres y qué sientes. De la misma manera, la ausencia de actitudes y de gestos es una señal de comunicación. Una famosa técnica de PNL (programación neurolingüística) consiste en imitar sutilmente la actitud de tu interlocutor para crear una cercanía inmediata.	El tono de tu voz y tu ritmo constituyen una parte importante de tu lenguaje no verbal. La congruencia entre estos factores, tu actitud y el mensaje enunciado resulta extremadamente importante para tu interlocutor. Grábate cuando estés conversando con un amigo, puesto que esto te ofrecerá una primera impresión de lo que transmites al hablar, más allá de las palabras.	En sus investigaciones, Martha McClintock (psicóloga estadounidense, nacida en 1947) explica que emitimos olores que varían en función de nuestros sentimientos (estrés, tristeza, ira, etc.) y que nos sentimos atraídos por gente con un perfil olfativo similar al nuestro. En este contexto, cobran un significado pleno expresiones relacionadas con los sentidos como «no lo trago» o «no puedo verlo ni en pintura», que reflejan las señales que nuestro cuerpo envía y que se corresponden con nuestras emociones.

Actitudes recomendadas	Actitudes que deben evitarse
• Mira a tu interlocutor a los ojos para mantener un contacto visual. • Da apretones de manos firmes. • Relaja tu cara y sonríe. • Respeta el espacio de tu interlocutor y no te acerques demasiado. • Cuida tu apariencia (ropa, olores, etc.).	• Frotarse las manos o la nuca delata una sensación de duda o de inseguridad. • Decir que sí mientras se niega con la cabeza revela una contradicción en tus ideas. • Inclinarse hacia atrás en la silla indica que la persona se está retirando de la conversación. • Cruzar los brazos te cierra a cualquier conversación. • Arquear la espalda demuestra una falta de autoconfianza. • Gesticular en todos los sentidos y jugar con tu pelo.

Comunícate de manera eficaz en el trabajo © 50MINUTOS.es

EL ASESORAMIENTO DE IMAGEN

El asesoramiento, una práctica que está de moda principalmente gracias a los programas de televisión de cambio de imagen, te ayuda a dinamizar tu aspecto y a autoafirmarte eligiendo un conjunto adaptado a tu morfología, a tu tono de piel y a tu personalidad. La imagen que desprendes es tan importante como tus palabras. Si te sientes cómodo con tu cuerpo, tu autoestima aumentará y eso se traducirá por una cierta soltura cuando te expreses.

La comunicación verbal

Aunque tan solo representa un 7 % de nuestra comunicación, el lenguaje verbal es la base de la información del Adulto, retomando el modelo de Berne. Si te basas en información objetiva, tu comunicación ganará en claridad. Para intercambiar ideas de manera eficaz, intenta aplicar los siguientes trucos:

- comunicar significa comprometerse, implicarse. Exprésate empleando la primera persona del singular: «creo», «sugiero», «propongo», etc. Así, transmitirás tus sensaciones y tus ideas sin atribuirle las culpas a otro y sin basarte en rumores. Por ejemplo, di «estoy desbordado» en vez de «no te das cuenta de mi volumen de trabajo»;
- si no entiendes una información, pide más detalles inmediatamente para no dejar que surjan dudas o malentendidos;
- la tecnología más avanzada no siempre mejora la comunicación. Por lo tanto, intenta cuidar la forma y el contenido de tus correos electrónicos y de los documentos profesionales cuando estás comunicándote. Emplea frases de cortesía, muéstrate breve y conciso, etc.;
- imponte cuando sea necesario. Si alguien te interrumpe, no dudes en preguntarle por qué lo hace y en indicarle que estabas hablando;
- de la misma manera, cuando alguien se dirige a ti, escúchalo con atención, sin interrumpirlo, manteniendo la concentración;
- adapta tu vocabulario a tu interlocutor para que entienda tus ideas.

¿Por qué debemos prestarle toda nuestra atención?

Para alcanzar cualquier éxito empresarial, resulta necesaria una buena comunicación interna. Entre otras cosas, esta sirve para:

- asegurarse de que se han entendido los objetivos y las instrucciones;
- reunir a los empleados en torno a un proyecto;
- favorecer la participación de los empleados e implicarlos en la cultura de la empresa;
- motivar a los empleados;
- resolver los conflictos;
- garantizar relaciones equilibradas y agradables;
- crear un clima cordial.

La comunicación formal

Por comunicación formal nos referimos al conjunto de intercambios oficiales entre los individuos de una empresa. Puede tratarse de:

- documentos escritos profesionales, como el correo electrónico, la nota de servicio o, incluso, el informe de una reunión que, con el tiempo y con las nuevas tecnologías pueden cambiar por completo. Así, resaltamos la conciencia ciudadana de las empresas que prefieren los mensajes electrónicos a las comunicaciones en papel. Sin embargo, algunas todavía no han invertido en el sistema

informático y dan prioridad a las versiones impresas;
• intercambios orales como reuniones, *feedback* y entrevistas.

La comunicación formal también puede adoptar varias formas:

Tipo de comunicación formal		Flujo de información
Descendente o jerárquica	D ⟶ T	De la dirección hacia los trabajadores
Ascendente o salarial	D ⟵ T	De los trabajadores hacia la dirección
Lateral u horizontal	T₁ ⟷ T₂	Intercambio entre trabajadores del mismo nivel o en las estructuras sin jerarquía

Comunícate de manera eficaz en el trabajo © **50MINUTOS**.es

EL MÁNAGER COMO DIRECTOR DE ORQUESTA

Desde hace poco tiempo, ha aparecido un nuevo método de gestión en las empresas: el MBWA (*Managing By Wandering Around*), que podría traducirse al español como «gestión presencial» o «gestión a través de la escucha y de la reunión». En vez de centrarse en los informes y en las reuniones, el mánager se toma su tiempo para conversar con los miembros de su equipo y se acerca a su vida diaria. Esta cercanía le ayuda a comprobar que su equipo sigue las instrucciones y que entiende las decisiones, a garantizar el funcionamiento correcto de las herramientas de comunicación interna y a identificar los aspectos que deben mejorarse, a recoger la opinión de los empleados y también a felicitar y a motivar a su equipo. Cuando el mánager se reúne con sus empleados y los escucha, indirectamente está reforzando la eficacia de la comunicación formal.

El emisor del mensaje, que toma como referencia las nociones que hemos visto más arriba, determinará el soporte y el objetivo de todos estos intercambios. Por ejemplo, un jefe que no tenga mucho tiempo se comunicará fundamentalmente por correo electrónico, usando como intermediarios a sus mánager, que se encargarán de transmitir las instrucciones, o dirigiéndose directamente a sus empleados para mantener algún contacto con ellos. Aquí volvemos a observar que la manera de difundir la información depende de la filosofía de trabajo y de la cultura de la empresa.

La comunicación informal

La comunicación informal engloba todos los intercambios no oficiales que ocurren en el lugar de trabajo, pero que no abordan necesariamente problemáticas profesionales. Puede tratarse de conversaciones en torno a la máquina del café, en los pasillos, durante la comida, durante la pausa para fumar, etc. Algunos jefes desconfían de este tipo de comunicación, ya que es espontánea, no se rige por ninguna norma y transmite datos que, a menudo, no están comprobados (rumores, cotilleos, etc.) y que pueden generar conflictos y malestar. Al igual que la comunicación escrita, puede efectuarse a través de distintos soportes —escritos (correos electrónicos, pósits) y orales—, y presenta varias ventajas:

- aporta un estatus y satisface las necesidades de reconocimiento y de pertenencia al grupo;
- favorece que se compartan valores sociales y culturales dentro de un colectivo;
- anima a la colaboración, creando vínculos entre los empleados.

No existen reglas o fórmulas mágicas. Así pues, respeta los principios de buenas costumbres para poder desarrollar y mantener unas relaciones profesionales sanas y productivas.

ADAPTAR NUESTRA ACTITUD

Independientemente del tipo de comunicación, la actitud que adoptamos resulta decisiva y condiciona el transcurso de la conversación. Según Éric Berne, existen tres estados, que se corresponden con comportamientos específicos:

- **(P) el Padre**, que imita la figura paterna, autoritaria y condescendiente a la vez;
- **(A) el Adulto**, que se preocupa por el carácter factual de las cosas, de la información lógica y racional, aquí y ahora;
- **(N) el Niño**, que remite a nuestra experiencia y a nuestros recuerdos de la infancia.

La tabla que presentamos a continuación te aporta las aclaraciones necesarias para comprender la complejidad de estos estados.

Estados del yo	Descripciones	Ejemplos
P normativo o crítico	Representa la ley. Función de protección y de educación. Tiende a juzgar y a castigar.	«Llegas tarde, ¡es intolerable!».
P abastecedor o salvador	Función de permiso y de apoyo. Empático y cálido. Tiende a sobreproteger.	«Deberías cuidarte».
A	Analiza los hechos. Objetivo, racional e igualitario. Tiende a resolver conflictos y a evitarlos.	«¿A qué hora es la reunión?».
N libre o espontáneo	Expresa sus necesidades y sus emociones básicas de manera espontánea.	«Me encanta tu camisa, quiero una igual».
N adaptado (rebelde o sumiso)	Se expresa como reacción al comportamiento de los demás.	«¡No voy a hacerlo!». «No es culpa mía».

Para mantener unas interacciones constructivas y adecuadas dentro de la empresa, las transacciones (o intercambios) deben ser obligatoriamente complementarias, es decir, de

Adulto a Adulto o de Padre a Niño.

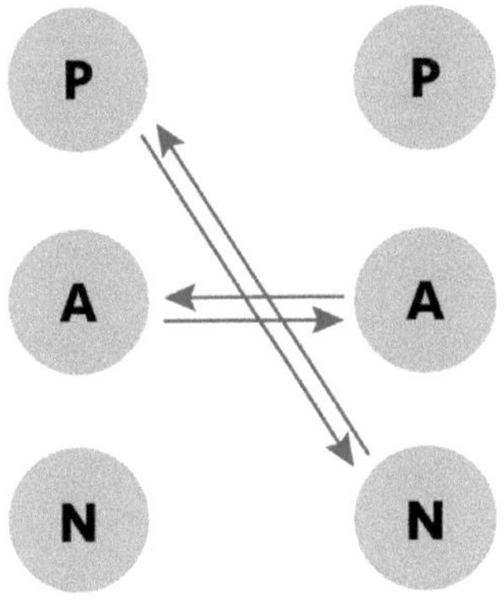

Comunícate de manera eficaz en el trabajo © 50MINUTOS.es

Cuidado, si tus transacciones se cruzan, pueden generarse conflictos.

Por ejemplo:
«¿A qué hora llega?» (Adulto)
«¡Deberías saberlo!» (Padre)

En esta transacción no se respeta el equilibrio, ya que uno de los dos participantes es tratado como un Niño, a pesar de que se posicionaba como Adulto, tal y como nos lo indica el esquema que presentamos a continuación:

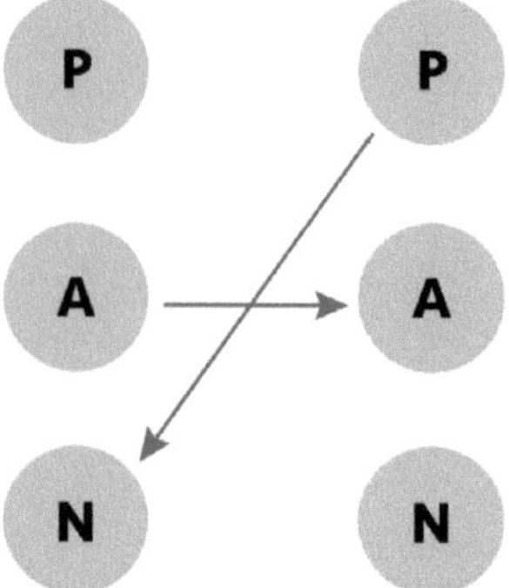

Comunícate de manera eficaz en el trabajo © 50MINUTOS.es

Ejemplo de respuesta en una interacción de Adulto a Adulto:

«Llega a las 10:30. Me irrita que no retengas datos de este tipo, porque me da la sensación de que no te tomas en serio esta reunión» (Adulto).

Ten cuidado con este tipo de discrepancias, ya que, a menudo, los juegos de poder suceden a espaldas de los participantes. Provocan efectos negativos en la productividad de la empresa y generan rencor en el equipo. Cada comunicación que llevas a cabo con tus compañeros o con tus superiores revela tu estado.

Para escapar de los juegos relacionales desagradables, el análisis transaccional ofrece buenas soluciones invitándonos a adoptar el estado más adecuado en función de la situación. Así, parece lógico pensar que, si te comportas como un «Padre normativo» con todo el mundo, se crearán tensiones entre tus compañeros. Si deseas obtener resultados de tus empleados, intenta desempeñar el papel de Adulto proporcionando instrucciones factuales (cuándo, dónde, a quién, etc.). Si quieres tratar a tus colegas de oficina de manera profesional (por lo tanto, como Adulto), actúa de esa manera. Para algunos intercambios informales, en los que es conveniente la condescendencia (Padre), adopta un comportamiento más empático y cálido en lo que respecta a tus ideas y tu actitud. Por ejemplo, si tu empleado muestra una gran desmotivación en su trabajo, pero no lo admite, no debes aceptar su negación ni obligarlo a hablar, sino concentrarte en tu objetivo: arrojar un poco de luz para mejorar la situación profesional. Para ello, sitúate en el estado que te parezca adecuado. ¿Padre normativo autoritario? ¿Adulto neutro y racional? Quizás deberías intentar el papel de Padre abastecedor que se muestra condescendiente y cálido.

Ejemplos

Situación	Reacción correcta	Reacción incorrecta
«Llevo esperando tu informe desde esta mañana. ¿Ya lo has acabado?» (Padre normativo).	«Lo estoy acabando» (Adulto).	«Si dejaras de interrumpirme, podría terminarlo» (Niño rebelde).
«Jamás lograré terminar a tiempo este informe» (Niño sumiso).	«Claro que sí, eres nuestra mejor baza en este proyecto» (Padre abastecedor).	«Tienes razón, va a resultar muy complicado» (Niño sumiso).
«Venga, vamos, es la hora de la pausa para el café» (Niño libre).	«Genial, ahora voy» (Niño libre). «No puedo, tengo que acabar este expediente para la reunión de mañana» (Adulto).	«¿Pero tú nunca trabajas?» (Padre normativo).

LOS MEJORES CONSEJOS

- **Exprésate en primera persona del singular**. Así, demostrarás tu implicación en la conversación y asumirás tus posturas. Utiliza preferiblemente la forma positiva en vez de la negativa. Por ejemplo, da prioridad a una frase como «¿Recuerdas que tenemos una reunión mañana?» en vez de «No te has olvidado de la reunión de mañana por la mañana, ¿verdad?»
- **Adopta un lenguaje corporal condescendiente** para que tu interlocutor se sienta cómodo. Elimina al máximo los tics comportamentales que delatan tu nerviosismo, tu incomodidad o, incluso, tu ira (gesticular nerviosamente, esconder tus manos en los bolsillos, comerte las uñas, etc.). De esta manera, tu interlocutor se concentrará en tus ideas y no en tu lenguaje corporal.
- **Controla tus emociones**. Independientemente de la situación (*feedback* negativo, comentario desagradable de un compañero, etc.), no te muestres agresivo o a la defensiva, ya que esto no te llevará a una solución sana. Toma perspectiva, intenta entender a tu interlocutor y, si lo necesitas, explícale con calma lo que te disgusta para apaciguar los ánimos.
- **Instaura relaciones de confianza** en tu entorno. Actúa con condescendencia para animar a tus colegas a que imiten tu comportamiento. Siguiendo esta línea, denuncia y condena cualquier comportamiento abusivo, sexista, racista o humillante. Estas actitudes resultan intolerables en cualquier comunidad y pueden llevar a la dimisión de algunos empleados e, incluso, al síndrome de desgaste

profesional.

- **Adáptate a tu interlocutor**. Muéstrate atento a su lenguaje verbal y corporal. Si es táctil, dale un abrazo; si es visual, crea imágenes con ayuda de ejemplos concretos; si se muestra más bien auditivo, opta por la comunicación oral en vez de por los escritos; etc. Además, adapta tu manera de expresarte dependiendo de si te diriges a tu superior o a tu compañero directo.
- **Organiza jornadas de puertas abiertas en la compañía** para fomentar la interacción y reforzar la colaboración entre los departamentos. Haz que tus compañeros descubran el funcionamiento interno para que todos sean conscientes de los procesos y del papel de cada sección. Esto reducirá considerablemente las incomprensiones y los desfases.
- **Desarrolla una red interna**. La red interna representa un banco de datos y de conocimientos interesante y beneficioso para toda la empresa. Invita a los empleados a que intercambien impresiones de forma puntual acerca de aspectos concretos (y no acerca de información general que nadie consulta). A modo de ejemplo, un departamento podrá crear un periódico que describa su actividad diaria, lo que facilitará en gran medida el trabajo de la sección que se encargue de retomar el expediente en un futuro más o menos cercano. También puedes crear una red social de empresa que se base en los modelos de redes sociales clásicas. Ofrecerá a los empleados la posibilidad de intercambiar ideas, de publicar y de comunicarse rápidamente. Esto reforzará su cohesión.
- **Fija momentos concretos para comunicar** con el objetivo de no molestar o desconcentrar a tus interlocutores

en cualquier momento del día. Organiza reuniones informativas y entrevistas si necesitas tiempo con la persona en cuestión. No olvides que debes avisarla con tiempo indicándole el tema sobre el que hablaréis. Si únicamente tienes que transmitir un detalle, intenta conversar acerca de ello tomando un café o durante la pausa para comer.

- **Apuesta por las reuniones colectivas o las entrevistas a solas** en función del tipo de información que debas difundir. Si debes llamar al orden a un empleado tras un comportamiento inadecuado, no sirve de nada que invites a toda la empresa. Después de las reuniones colectivas, pon a disposición de la empresa el informe de las decisiones que se han tomado para informar a los interesados (presentes o ausentes).
- **Organiza una zona de relajación** para favorecer la comunicación informal. Esto mejorará las relaciones laborales y el ambiente de tu equipo. En este espacio también pueden tener lugar las reuniones más breves o informales.

RELACIONES ALTRUISTAS

Matthieu Ricard, doctor en Biología convertido al budismo, predica que el altruismo es una clave de éxito en el mundo laboral. En su opinión, de manera natural, el hombre se orienta hacia los demás y no hacia sí mismo. En este sentido, las estadísticas de la OCDE (Organización para la Cooperación y el Desarrollo Económicos) determinan que, en todas partes, el primer criterio de felicidad es, con diferencia, la calidad de las relaciones. Sus investigaciones desvelan que una buena comunicación pasa por el altruismo y por interacciones saludables con los compañeros. Según Ricard, la práctica de la meditación podría convertirse en una herramienta que ayude a cohesionar al equipo, ya que anima a la cooperación y a la armonía duradera y favorece el desarrollo de un ambiente saludable y condescendiente. En la actualidad, algunas empresas crean zonas de relajación e invitan a sus empleados a que mediten solos o en grupo para mejorar sus relaciones y, por lo tanto, su comunicación.

PREGUNTAS FRECUENTES

¿EN QUÉ ASPECTOS DEBO FIJARME CUANDO ME COMUNICO CON MIS COMPAÑEROS?

Debes tener en cuenta muchos aspectos: tus gestos, tu actitud, tu apariencia, la cadencia de tu voz y las palabras que utilizas. Al crear un conjunto armonioso, estás emitiendo mensajes claros y directos. Por otra parte, presta atención a tu interlocutor cuando te habla, mírale a los ojos y escúchalo. Concéntrate en lo que está expresando y en su lenguaje corporal. Si no has entendido un dato, pídele más detalles. Si sientes que detrás de sus ideas se esconde una emoción, háblalo con una perspectiva condescendiente: no se trata de hacer de psicólogo, sino de favorecer una comunicación sincera y honesta entre compañeros.

¿QUÉ TIPOS DE COMUNICACIÓN PUEDEN DARSE EN EL ÁMBITO LABORAL?

Los tipos de comunicación y los soportes empleados varían según el tamaño de la estructura en la que trabajas y en función de la cultura de tu empresa. Sin embargo, por lo general, resulta necesario dominar la informática, ya que los correos electrónicos, el intranet y las videoconferencias son las herramientas de comunicación más utilizadas. Por supuesto, también existe una comunicación verbal, oral, que se produce en las reuniones, en los *feedback* y en las entrevistas, sin olvidar los intercambios informales en torno a la máquina del café.

¿CÓMO ME COMUNICO CON MI SUPERIOR?

Dependiendo de la filosofía y del funcionamiento interno de la empresa, puede que jamás hayas tenido contacto con el gran jefe. Por consiguiente, tu superior será un mánager que también responderá a los estándares de la política interna de tu empresa. Si deseas favorecer la colaboración, pide información ya durante la entrevista y pregunta quién será tu superior para que los papeles estén claramente definidos. En cualquier interacción, deja que tu superior defina el modo comunicativo y el tono que prefiere (familiar, frío, directo, etc.) y adáptate a su actitud. Por precaución, trátalo de usted al principio y mantén una cierta distancia profesional —al menos mientras aprendes a conocerlo—.

¿QUÉ DEBO HACER PARA QUE MIS REUNIONES RESULTEN EFICACES?

No confirmes tu presencia para una reunión si no conoces el orden del día. Pide más información sobre el tema y sobre la problemática. Así, estarás preparado o, en caso contrario, avisarás de tu ausencia. Si se requiere la presencia de todos los empleados, pero, tal y como ocurre a menudo, sales con la sensación de haber perdido el tiempo, propón reuniones a solas o con las personas que están directamente afectadas. De ello depende la eficacia y la motivación de todo el mundo.

¿CÓMO EVITO LOS RUMORES Y LOS JUEGOS DE PODER?

Los rumores pueden revelar disfuncionamientos en la empresa. La comunicación interna intenta evitarlo manteniendo el contacto con los empleados y buscando aquello que alimenta los miedos, las calumnias o las frustraciones. Para ayudarte a detectar los problemas, analiza los siguientes cuatro puntos en tu empresa:

- la calidad de la colaboración, es decir, la escucha, el respeto del contexto, la expresión oral y el debate;
- el compromiso, es decir, el ambiente condescendiente, la cohesión de equipo, la supresión del miedo a que nos comparen;
- la gestión del poder. El liderazgo del mánager, gestionado de forma mesurada, no aplasta a los equipos;
- la resolución de conflictos, es decir, concebir el conflicto como un momento productivo, separar a la persona del tema abordado, aportar soluciones o animar a una solución intermedia.

No puede existir una comunicación sincera y eficaz en un clima nocivo, en el que todo el mundo teme lo que no se formula explícitamente y las tensiones interpersonales. En un ambiente donde se mitigan estos riesgos y donde la madurez del equipo permite que cada uno explote su potencial (equivocándose, preguntando, buscando contradicciones en el debate para mejorar su trabajo, etc.), la empresa encuentra en sus empleados una solidaridad productiva de la que se alimentan las inteligencias.

¿PARA QUÉ SIRVEN LAS EVALUACIONES Y LOS *FEEDBACK*?

Las evaluaciones y los *feedback* representan momentos privilegiados que sirven para conversar con los superiores o, al contrario, con los subordinados. Así, no dudes en preguntar qué temas se abordarán para que puedas prepararte. Las evaluaciones son la oportunidad para comunicar acerca de los deseos, de las conclusiones, de las ideas y, también, de las dificultades que hemos experimentado. Si te han convocado a una reunión de este tipo, elabora un expediente que recoja tus sugerencias, de manera profesional, para informar a tus superiores. Durante un *feedback*, este último te dará su opinión sobre tus competencias y tus actitudes. Escúchalo con calma, no tomes los comentarios como críticas, sino como oportunidades de mejora.

¿DEBO COMUNICAR DE FORMA DIFERENTE SI SOY UNA MUJER?

Algunos hombres no dudan en rebajar a las mujeres manteniendo falsas creencias (las mujeres son emotivas, más débiles, soportan menos el estrés, etc.) y llegando a veces a realizar comentarios desagradables. Para reforzar tu confianza como mujer, inspírate en las técnicas de especialistas, como las poses de poder de Amy Cuddy, que actúan sobre el subconsciente. Ridiculiza este tipo de comentarios sexistas y no dudes en contactar con las instancias representativas si no se aplica ninguna sanción ni ninguna decisión para acabar con estas actuaciones nefastas. Los interlocutores sociales (sindicatos, comités de trabajo, etc.) pueden proponer medidas adaptadas para restablecer un clima sereno y civilizado dentro de la comunicación laboral.

¿CÓMO RESTABLEZCO LA COMUNICACIÓN EN MI EQUIPO?

El *team building* o construcción de equipos constituye una solución eficaz para restablecer una comunicación sana dentro de la empresa. Para que resulte pertinente, organízalo en torno a temas vinculados con tu problemática (resolución de conflictos, dinámica de grupo, comunicación en equipo, etc.). Recurre a un monitor externo a la empresa para que todos, incluido el mánager, disfruten del taller. Lo importante en esta situación es que el que desempeña el papel de líder en el grupo dé ejemplo y que cada individuo de la empresa participe en el proceso.

¡AHORA ES TU TURNO!

NOS AUTOAFIRMAMOS

Colócate delante del espejo y expresa tu opinión acerca de:

- tu vestimenta;
- tu forma de saludar;
- el tono de tu voz.

Ahora piensa en uno de tus compañeros, que muestra seguridad y se siente cómodo, y analiza las diferencias entre su actitud y la tuya. ¿Su forma de hablar está en sintonía con su estilo y su personalidad? ¿Es dulce, rápido, eficaz, comprensivo? Por tu parte, ¿tu expresión se corresponde con tu temperamento? Corrige los elementos según tus respuestas.

RESTAURAMOS LA CONFIANZA EN EL EQUIPO

Si tienes la sensación de que los juegos de poder y los comentarios no dichos enturbian el ambiente en tu equipo y ralentizan los proyectos de la empresa, analiza la situación. Plantéate las siguientes preguntas para comprender de dónde surgen los conflictos. Intenta resolverlos de manera interna o con la ayuda de un *coach* durante una construcción de equipos.

- ¿Cómo se desarrollan los juegos? ¿Se trata siempre de las mismas personas implicadas? ¿Desempeñan el mismo papel?

- ¿Alguien les ha hablado ya de su comportamiento? ¿Lo has hecho en persona?
- ¿Cuál es el comportamiento que observas más a menudo? ¿Cómo explicas a la persona en cuestión que su actitud resulta nefasta? («¿Por qué me interrumpes constantemente?», «¿Por qué te muestras tan agresivo cuando te expresas? Esto afecta al equipo», etc.).
- Coloca a los participantes en la tabla de los estados del yo: Padre (abastecedor o normativo), Adulto, Niño (sometido, rebelde o espontáneo). ¿A qué conclusiones llegas?

¡Tu opinión nos interesa!
¡Deja un comentario en la página web de tu librería en línea,
y comparte tus favoritos en las redes sociales!

PARA IR MÁS ALLÁ

FUENTES BIBLIOGRÁFICAS

- Bastianutti, Julie y Frédéric Petitbon. 2015. *La proximité, une stratégie!* París: Dunod.
- D'Almeida, Nicole y Thierry Libaert. 2010. *La communication interne des entreprises*. París: Dunod.
- Duterne, Claude. 2002. *La communication interne en entreprise*. Bruselas: De Boeck.
- Ghiulamila, Juliette y Pascale Levet. 2007. *Les hommes, les femmes et les entreprises: vers quelle égalité?* París: Éditions L'Harmattan.
- Goldstein, Mauricio y Philippe Reao. 2012. *Petits jeux de pouvoir en entreprise. Comment les identifier et y mettre un terme*. París: Pearson.
- NutraNews. 2000. "Les phéromones, des messagers biochimiques qui agissent sur les comportements sexuel et social". Diciembre. Consultado el 22 de marzo de 2017. http://www.nutranews.org/data/pdf/numeros/fr/nutranews200012.pdf
- Terrier, Claude. 2013. "L'analyse transactionnelle". *Cterrier.com*. 5 de septiembre. Consultado el 22 de marzo de 2017. http://www.cterrier.com/cours/communication/32_analyse_transactionnelle.pdf
- Tonnelé, Arnaud. 2015. *La bible du team-building. 55 fiches pour développer la performance des équipes*. París: Eyrolles.

FUENTES COMPLEMENTARIAS

- Berne, Éric. 1982. *Des jeux et des hommes*. París: Éditions Stock.
- Schandeler, Florence. 2017. *Comunícate por escrito de forma eficaz*. Traducido por Laura Soler Pinson. Bruselas: Plurilingua Publishing.

VÍDEOS

- Cuddy, Amy. "Your body language shapes who you are", vídeo en TED, junio de 2012. Consultado el 22 de marzo de 2017. http://www.ted.com/talks/amy_cuddy_your_body_language_shapes_who_you_are
- Fried, Jason. "Why work doesn't happen at work", vídeo en TED, octubre de 2010. Consultado el 22 de marzo de 2017. http://www.ted.com/talks/jason_fried_why_work_doesn_t_happen_at_work
- Heferman, Margaret. "Dare to disagree", vídeo en TED, agosto de 2012. Consultado el 22 de marzo de 2017. https://www.ted.com/talks/margaret_heffernan_dare_to_disagree
- "Le visage décrypté", vídeo en Youtube, publicado por "Steve Gresham", 17 de febrero de 2017. Consultado el 28 de marzo de 2017. https://www.youtube.com/watch?v=jRP0mRfABlA
- "Les odeurs corporelles: un moyen de communication?", vídeo en YouTube, publicado por "BNLConsult", 2014. Consultado el 22 de marzo de 2017. https://www.youtube.com/watch?v=PZQJFcbF_ig
- "Non verbal: les gestes qui tuent votre crédibilité", vídeo

en YouTube, 2014. Consultado el 8 de agosto de 2015. https://www.youtube.com/watch?v=k- s_R4yZEuY

- Ricard, Matthieu. "How to let altruism be your guide", vídeo en TED, octubre de 2014. Consultado el 22 de marzo de 2017. http://www.ted.com/talks/matthieu_ricard_how_to_let_altruism_be_your_guide
- Snek, Simon. "Why good leaders make you feel safe", vídeo en TED, mayo de 2014. Consultado el 22 de marzo de 2017. http://www.ted.com/talks/simon_sinek_why_good_leaders_make_you_feel_safe

¡APRENDER NUNCA ANTES FUE TAN RÁPIDO!

www.en50minutos.es